あなたには幸せになる力がある

酒井雄哉

PHP文庫

○本表紙図柄＝ロゼッタ・ストーン（大英博物館蔵）
○本表紙デザイン＋紋章＝上田晃郷

はじめに

人は誰でも、生きていれば悩んだり迷ったりすることがあるよね。仕事や恋愛がうまくいかずに困ったり、自分の将来や生き方について悩んだり……。不安からあれこれ考えているうちに、暗い気持ちになったり、クヨクヨするのが止められなくなったりして、どうしたらいいかわからなくなってしまう人もいると思うよ。

だけど、どうしたらいいか悩み続けていても、どんどん嫌な気持ちになって、身体も重くなるばかりだよ。自分から行動しなければ状況はよくならないんだ。

頭を使って問題を解決しようとせずに、いまの自分にできることへ目を向けて、それをひとつひとつ行動に移していくことが、悩みを解消する一番の近道だったりするんだよ。

たとえば、自分に自信がないことを悩んでいる人が、「人から賞賛《しょうさん》されるような才能や技術を持っていれば、私だって自信が持てるのになぁ」と思っているとするよね。僕の経験からいうと、自分に自信を持つには、ほんのささいなことでいいから、自分にできることを毎日毎日繰り返し続けてみるといいんだ。

本物の自信は、毎日コツコツ積み重ねた自分の経験から生まれるもの。最初からなんでも完璧《かんぺき》にできる人はいないし、簡単なことでも繰り返し続けていけば、それは必ず自分の力になるんだよ。

自分にできることを行動に移していけば、あれこれ悩む時間も減るから、暗い気持ちや不安が薄らいでくる。そのうち、自分に対して、「私にもできるんだ」という明るい気持ちがきっと生まれてくるはずだよ。一見なんでもないことを地道に続けていくことが、本物の自信や心の強さにつながるんだ。

この本では、悩みごとを抱えたときはどうすればいいのかを、福猫のんちゅけに手伝ってもらいながら紹介しているから、それを参考にしながら、少しでも心が軽く、明るくなれる行動をとってくれたらいいなと思うよ。

毎日を大切にして、ニコニコしながら楽しく生きることが、人間にとって一番幸せなことだからね。

あなたには幸せになる力がある

もくじ

第1章　物事が停滞しているときには

第2章 自分に自信をつけたいときには

第3章 恋愛で困ったときには

第4章 心身の健康を保ちたいときには

第5章 仕事・勉強で悩んだときには

第6章 いい人間関係を築きたいときには

第7章 苦境に立たされたときには

●構成プロデュース協力　株式会社メディアライン・デイ　鷹梁恵一
●イラスト構成　©Eiko/s・Studio yayako
TomuChato land Product Planning
●編集協力　酒井奈美

第1章

物事が停滞しているときには

一日、一日を大切に生きるためにできること

毎日をなんとなく流して生きるのがクセになっていると、「一日一日を大切にして、一日が一生のつもりで生きてみよう」と急に思ってみても、実践が伴わずに、再び日々の生活に流されてしまう人もいると思うよ。

だけど、そこで気を落とす必要はないし、無理をして「いまの瞬間を大切にしなくちゃ！」と一日中気を張らなくていいんだ。一日が一生のつもりで生きようと決めたら、まずは、毎晩日々の行いを振り返ってみるといいよ。

その日の自分の仕事ぶりや、時間の使い方などを振り返って、改善できる点を見つけられれば、明日から直すことができる。誰かとケン

カしたときは、その場面を振り返り、冷静にケンカの原因を分析してみて、自分が悪ければ相手に謝ればいいし、自分に原因がなければ、いつもどおりに接していけばいい。

こうして毎晩その日を振り返って、自分自身の行いを省みることは、自分自身と向き合う時間を作り、物事を客観的に把握する力を養う。モヤモヤした気持ちが整理されれば、いい気持ちで朝を迎えて、また新しいスタートを切ることができると思うよ。

疲れてしまって、反省どころじゃないと思う日もあるかもしれない。けれど、不思議なもので、なんでも習慣化してしまえば、自然とできるようになるものなんだ。途中で反省するのをやめてしまったとしても、「この前は三日坊主で終わったけど、今度は四日やってみよう」と自分に言い聞かせて、またやってみるといいよ。

一歩一歩繰り返す
それが人生

❖一歩一歩、地道に進んでいくことが大切だとわかっていても、なかなかできない人もいるよね。だけど、人生はとにかく一歩ずつ前へ進むことを繰り返すしかないんだ。一歩ずつ地道に進んでいけば、道に迷うこともないし、間違いない人生を送ることができるんだよ。

失敗が怖くても、とりあえず行動してみよう！

「何か新しいことをやってみようと思っても、失敗するのが怖くて行動に移せないな……」と悩むときが、長い人生の中ではあるかもしれない。

だけど、人間は失敗を繰り返しながら生きているんだ。僕なんか、子どもの頃から落第坊主で、就職もできず、四〇歳ぐらいまでうろうろしていた。何度も失敗するうちに、最終的には「失敗してもなんとかなるわい。一度やってダメなら、二度、三度とやればいいや」と思うようになった。失敗することが怖いと思わなくなったんだ。

世の中で、生まれてから一度も失敗したことがない、なんて人はいないと思うよ。「失敗するのは当たり前で、失敗は成功のもと」と考えれば、気がラクになる。失敗しても落ち込むことはないし、その経験はあとになれば必ず活きてくるよ。だから、失敗することを恐れないで、なんでもやってみればいい。失敗したらいくらでもやり直せばいいし、その分だけ、成功に近づいているんだから。

それでも腰が重くて動けないという人は、普段から思いついたことを素早く行う訓練をするといいよ。たとえば「あの人に連絡をしようかな」と思ったら、すぐに手紙を書いたり、電話をしてみたりする。どんなときでも迷いなく「とにかくやってみよう」という前向きな気持ちになることを習慣化できれば、失敗も怖くなくなるはずだからね。

人生には、失敗、成功、苦しみ、喜びがつきもの。失敗や苦しみを恐れず、いろいろな経験を糧《かて》に、前へ進んでいきたいね。

前向きにどんどんどんどん進んでいこう

❖過去にとらわれると前へ進めなくなるから、悪いところを修正したら、あとは振り返らずにいつも前向きにいけばいい。つまらないことに振り回されず、どんどん前へ歩いていけば、インスピレーションが降りてきて、次に何をすればいいのかがわかってくるよ。

嫉妬する暇があるなら、自分の長所を伸ばそう

自分の人生がうまくいってないときや、退屈な日々を送っているときは、どうしても他人の人生が気になってしまうことがあるよね。心の中は見えないのに、見た目だけで「あの人は成功しているからうらやましい」とか「運がよくてずるい」と思う。

そんなときは、得てして自分に自信がないものなんだ。自分を磨く努力をしていれば、他人に構っている暇はないし、自信があれば、他人のいい点や素晴らしい点を認めて自分を見つめ直し、他人にはない自分の長所を伸ばしていこうと前向きに思える。

成功している人だって、運がいい人だって、見えないところで努力しているんじゃないのかな。目先のことにとらわれて、嫉妬する時間

があるなら、いまの自分が持っている長所を伸ばして、できることを精一杯やっていくことが大事だと思うよ。よい行いをコツコツ続けていけば、きっと、いいことやうれしいことが起こると思うな。

自分ができることをするそれしかない

❖自分の身の丈に合ったことを見極めるには、大人になるまでの過程を振り返ってみるといい。そうすると、自分の器量や人間性、性格の傾向がわかってくるよ。大きなことをやろうとせず、自分の器量に合ったことをいろいろやっていけば、人生なんとかなるからね。

欠点や弱点にとらわれないで

人は、自分のダメなところや弱点について、あれこれ後ろ向きに考え出すと、そこから抜けられなくなるよね。「自分の人生なんて、こんなもんだ」なんて投げやりになって、人生を立て直すことや、前向きに生きていくことをやめてしまう。

でも、欠点や弱点があるからといって、何もかも諦める必要はないんだ。ありのままの自分をよく見つめて、何ができるかを考える。自分の好きなことや特技を見つけて、それを伸ばしていけばいいんだよ。ひとりでやっていくのが無理なら、お師匠さんを見つければいい。自分に合った道がないなら、自分で道を作ればいいんだ。

「明日は当たり前のようにくる」と思っている人は多いけど、明日必ず生きていられるなんて、誰も保障されていない。自然の流れを、みんな忘れてしまっているんだ。

だけど、行《ぎょう》をやっていると、自然が僕にいろいろと教えてくれるんだよ。たとえば、行の最中に、突然土砂降りの雨が降ってくる。なんとか草履《ぞうり》だけでも濡《ぬ》れないようにいろいろと工夫してみるんだけど、やっぱり雨が降れば、いくらジタバタしたって濡れることになってるんだよ。だから、あれこれ余計な心配をするより、最初から「濡れちゃえ」と開き直っていたほうが、歩きやすいし気もラクになる。

身体の弱さや、病気を気に病んで、落ち込んでいる人もいるかもしれないけど、人間の寿命は、自分でどうこうできるものではないからね。どうにもできないことをどうにかしようとしても、自然の流れには抗《あらが》えないから、いい意味で開き直って、できることを淡々と行っていくのが、最善の選択なんじゃないかな。

無能な人はひとりもいないムダな人生もどこにもない

❖「私は役立たずだから、生きている価値なんてないんだ……」と落ち込む必要はないんだよ。無能な人やムダな人生は、どこを探したって見つからないからね。どんな人でも誰かの役に立つことができるし、必要とされているからこの世に存在しているんだよ。

チャンスやご縁を活かすコツ

チャンスを活かすコツがあるとすれば、チャンスとぶつかったときに、積極的に動いていくことだね。ぶつかったままぼんやりしていると、チャンスは目の前を通り過ぎてしまうんだ。これはチャンスかな？と思ったら、すぐ行動に移すことだよ。

人との縁もチャンスと同じで、縁あって出会ったとしても、相手の行動を待っているだけでは何も起こらない。自分から心を開いて、相手へ話しかけたり、連絡をとったりしていかないと、次につながっていかないいんだ。

チャンスやご縁は、ささいなきっかけや偶然に紛れて訪れることもある。それに気づいて、自分の想いを積極的に行動へ移していけば、やがて大きな縁となって、将来のいろいろな場面に深くつながっていくんじゃないかな。どんどん行動して、チャンスやご縁を大切に育てるうちに、出会いに隠された意味を知ることもあると思うよ。

同じ日は二度とこない

❖毎日同じところを歩いていても、そのときの気温や気候によって、目に映る物や自然から受ける感覚は全然違うものなんだ。毎日同じことをやっていても、同じような場面や光景に出合うことはないから、どんなときでも、一日一日を大切にして生きていきたいね。

学びの対象や機会は、どこにでもある

僕がお堂に籠《こも》り、九〇日間寝ないで、ひたすらお経を唱えながら、阿弥陀様の周りをぐるぐる回る「常行三昧《じょうぎょうざんまい》」をしていたとき、小さなバッタに無常を教わったことがある。静かなお堂の中で、ひとり念仏を唱えながらぐるぐる回っていたときに、ふとした瞬間、シャッシャーッ、シャーッとお数珠《じゅず》をする音が聞こえてきたんだ。

不思議に思ってふと鴨居を見ると、バッタに見える青い虫が羽を震わせていた。僕はそのとき、羽を震わせる音を、お数珠をする音と勘違いしたんだ。静かな場所で集中して念仏を唱え続けていたから、耳がほんのかすかな音でさえも拾ったんだろうね。

虫が僕と一緒に拝んでいるように見えて、友達のように感じながら

阿弥陀様の周りを回っていると、急に音がしなくなった。おかしいな、と思って鴨居を見ると、虫の姿はなく、下に落っこちて死んでいたんだ。ついさっきまでは、羽を震わせて一緒に拝んでいたのに、いまは命尽きて、小さな身体を床に横たえている。僕はそれを見た瞬間、「すべてのものは移り変わる。無常なんだ」と感じたんだ。

修行をしているからそう感じられるんだよ、と思う人もいるかもしれないけど、そんなことはないと思うよ。虫も人間も自然の一部で、同じ命を持っている。それぞれが独立した命を持って存在しているように見えるけど、みんな仏様から命を預かって生まれてきているのだから、もとは全部同じ命で、すべてつながっているんだ。自分の身の回りに存在する生命すべてを、仏様の化身と見立てれば、小さな虫や動物が懸命に生きる姿からも、教わることがたくさんあるんじゃないかと思うよ。

ただひたすらに山を歩く

❖僕が千日回峯行《せんにちかいほうぎょう》を二度やったのは、他にやることがなかったからなんだ。それでも毎日山を歩き続けていると、見えてくることや学ぶことがたくさんあるんだよね。いまだに毎日修行しているのは、歩くことに何か魅力があるからなんだろうな。

感謝の気持ちは心を穏やかにする

心がギスギスして、なんとなく物事がうまくいかない……というときは、感謝の気持ちを忘れているかもしれないね。そんなときは、自分の身の回りにある物や生き物に目を向けてみよう。あらゆるところに仏様が宿っていて、「感謝することはたくさんあるんだよ」と教えてくれているよ。

「仏様なんてどこにも見当たらないよ」という声も聞こえてきそうだけど、ちょっと考えてごらん。毎日使う物や道具、家や乗り物にだって、仏様は存在しているんだ。道具や家を使うのは人間だけど、人間の手ではできないことを代わりにやってくれたり、人間を支えてくれたりする。自分のことを、日頃からいろいろと助けてくれていることに気づけば、使うたびに、そのありがたみを感じられるんじゃないかな。

家でペットを飼っている人は、ペットがいることで心が癒されたり、優しく穏やかな気持ちになれたりするんじゃないかな。動物たちから、思いやりの気持ちを持つことや、家族のありがたみを自然と教わっているると思うよ。

こうやって、普段の生活を少し思い浮かべるだけでも、いろいろな場面で、身の回りにある物や生き物に助けられているんだよ。

自分の身の回りにあるすべての存在を仏様と見立てれば、感謝の気持ちも湧いてくるし、教わることがたくさんあると思うよ。ひいては、周りのおかげで、自分は生かされている、ということを思い出して、穏やかな気持ちになれるんじゃないかな。

山は、いつくしみの心を育ててくれる

❖行の最中は、いつも同じ道を歩いているんだけど、山の表情が毎日どこか違って見えて、いつの間にか心の中で木々と対話をしていたんだ。小さな芽吹きの声も聞こえるようで、自分は自然の中で生かされていると感じながら、いつくしみの心を育てられていたんだ。

今日のことは、今日始める

激務の仕事に就いている人や、家事や子育てと仕事を両立している人たちは、毎日目が回るほどの忙しさなんじゃないかな。

僕も、行をしながらお師匠さんのお世話をしていた時期があってね。夜中の一時頃から行へ出かけ、帰ってきてから食事やお風呂の支度をして、それが終わると他の仕事に取り掛かっていたから、忙しい人が一分一秒をとても貴重に感じる気持ちはわかるんだよ。

ある日僕は、なんとかして時間を短縮したいと思って、翌日の朝食を前日に作っておいたんだけど、お師匠さんはそれに気づいて、僕のいない間に、谷の底へ食器もろとも全部捨ててしまったんだ。

当時の僕は、ひどいなぁと思ったけど、落ち込んでいても仕方ないから、捨てられていた鍋や皿を拾ってきて、何食わぬ顔で食事を作り、お師匠さんに出した。お師匠さんも、僕に何も言わず、知らん顔して黙って食べてたな。

きっとお師匠さんは、「前日の食べ物を使いまわすなんて行じゃない。許されないぞ！」と口に出さずに教えてくれたんだろうな。

どんなに忙しくても、今日のことは今日取り組み、手抜きをしたらいけないんだと、僕はこのとき学んだよ。

時間を短縮することで、心にゆとりができるかというと、案外そうでもない。時間短縮に心をとらわれてしまえば、いつも物事を先取りして、セカセカしてしまうだろうし、逆に手抜きがクセになってしまえば、緊張感が欠けて心に油断が生じてしまう。

忙しさに振り回されないためにも、心を「いま」に集中させて、「今日のことは、今日始める」ということを実践するのが一番だと思うよ。

いつも初心

❖僕は草鞋を履いて外へ出ていくときに、いつも胸を膨らませて「今日からやるんだぞ！」という気持ちを失わないようにしているんだ。惰性で歩くと山を歩いていても疲れが早くなるし、油断をすると失敗やケガにつながるからね。みんなも初心を忘れたらダメだよ。

第2章

自分に自信をつけたいときには

桜のように、
誇りを持って生きてみよう

毎年春になると、力の限りに精一杯咲き誇る桜を見て、「僕もみんなに喜ばれたり、楽しまれたりするような生き方をしたいなぁ。桜が咲くように生きられたら最高だなぁ」と思うんだ。行でお山を歩き始める頃は、まだ地面に雪が残っているけど、本格的な春の訪れとともに、一輪、二輪と、桜の花がほころび始めるんだ。まるで、「今年も咲きましたよ～」とみんなに伝えるように。

散りゆく桜を見ると物悲しい気持ちになる、なんて日本ではよく言われるけど、毎日桜に挨拶をして、ずーっと花を見ているうちに、「散るからといって、寂しがることはないですよ。きれいだねとみんなに喜んでもらえるから、散ってもまた来年いい花を咲かせるために、精一杯生きていくんです」と、桜が教えてくれた気がするんだ。
精一杯咲くことに誇りを持っている桜のように、人も誇りを持って
生きていきたいね。

花は散れども
桜は残る

❖行を始めて迎えた最初の春、桜の花びらが一斉に散るのを見て「桜はおしまいだな」と思ったんだけど、次の年も、また次の年も花は咲くんだよね。人間も同じように、たとえ死んでしまったとしても、故人の想いや心は引き継がれて、生き続けるんだと思うよ。

自分をよく見せようとしなくていい

自分をよく見せようとして、実力以上のことをしようとすると、物事はうまくいかないんだ。たいてい、「うまくやらなきゃいけない」と思うことで、自分を追い込んでしまったり、周りの人に気を使いすぎたりして、空回りしてしまうんだよ。

僕は昔あがり症だったから、人前で話すことが苦手だったんだ。目の前に若い女性が座っていると、照れてまともに顔を合わせられなかったし、はじめて講演をしたときなんて、舞台の袖に立ったら足はガクガクするし、口の中はカラカラになって、いざ壇上に立っても、何を話したらいいのかわからなかったよ。

いまの僕が、いろいろな講演に呼ばれて、図々しく人前でおしゃべりできるのは、自分をよく見せようとせずに、自分自身が実践して体得したことを話しているからだと思うんだ。

等身大の自分を隠して格好《かっこう》つけようとすれば、無理が生じて心に余裕がなくなり、疲れてしまう。それに、自分の実力を誇張してアピールしたら、「なんだか真実味がないな」と見抜く人もいると思うよ。

だから、人にいいところを見せようと頑張るのではなく、自然体の自分でいればいいんだ。周りの評価を気にせず、目の前にあることに熱中していれば、自分に自信がついてくると思うし、空回りすることや緊張することも、なくなっていくんじゃないかな。

人間も大自然の一部

❖空、海、山、草、木、花、動物、人間など、この世のありとあらゆるものは、大自然の大きな力によって生かされ、みんな共存しているんだ。人間も自然の一部だから、自然に逆らうと、心配したり、苦しんだりすることになってしまう。自分の中にある自然にそって生きよう。

どう頑張ってもダメなら、やめてもいいんだよ

生きていくうえで、「こうでなければいけない」とか「これがないといけない」というこだわりがあると、苦しくなるし、疲れると思うよ。いつも頭がこだわっていることに振り回されて、心も落ち着かなくなるんだ。

そうは言っても、どうしてもこだわりを捨てられないのなら、いっそのこと思いっ切りこだわってみるのもひとつの手だよ。期間を定めて、極端なくらいこだわってみると、バカバカしくなって、こだわりを捨てられることもあるからね。

生きるうえで、目標を掲げることは大切だけど、自分に対して厳しすぎる目標は、自分自身に無理強いをして、心身を壊しかねない。頑

張るのは大切だけど、自分を壊してまで頑張ることはないよ。一生懸命頑張って、それでもダメなら、やめてもいいんだ。一度やめてから、自分にできることを目標として掲げ直せばいいんだよ。

どんなときも自分らしく道を歩む

❖何事にも道がちゃんとあるものなんだ。近道、あぜ道、ぬかる道……、いろんな道があるけど、どんなときでもあわてずに、自分の歩幅で、いつも自然体で歩いていきたいね。

自分が体験したことの意味を大切に考えてみる

誰かに教わったことやいいと思ったことは、自分で実践することが大事だよ、と僕はよく言うんだけど、実践してすぐに本質をつかめたり、心の糧にできるかというと、そうはいかない。実践を通じて、自分なりの理解が得られるには時間がかかるんだ。

僕が「常行三昧」という行をしたときも、行の最中に感じたいろいろなことを、「あのとき感じたのは、こういうことだったのか」と自分なりに消化できるまでには、だいたい一年近くかかったんだ。

日本は、四季の移り変わりが目に見えてわかるよね。春になると花が咲き、夏に向けて青葉が茂り、秋が訪れると葉が枯れ落ちる。昔の人は葉が落ちるさまを見て悟りを開いた、なんて聞くけど、それは四季の移り変わりを実際に見て、自分の肌で季節を感じているからこそ、「命は一回巡ったらおしまいじゃないんだな。ずっとつながっているんだな」と気づけたんじゃないかな。

自分が実践していることや、体験したこと、人に言われたことや教わったことも、それと同じだと思うよ。だから、すぐに意味がわからなくてもいいし、いくら時間がかかってもいいから、その意味を考えてみるといい。いつか、「そうか。あの出来事は、こういうことだったのかもしれないな」と、わかるときがくると思うよ。そのとき、過去の体験は自分の糧となっているんじゃないかな。

とにかく続けること
そうすれば
必ず何か見えてくる

❖何かをやろうと思ったら、あれこれ考えずにやればいいんだ。それ以外に道はないし、やらなければなんにもならないからね。同じことを一生懸命続けていけば、新しい視界が開けてくるし、意外な発見をしたり、新しい出会いに遭遇したりするものなんだよ。

自分の発言には責任を持とう

人格が立派な人のことを「あの人は聖人だね」と言ったりするけど、それは「聖」という字が、「耳」と「口」と「壬」からできていることに由来するんだよ。

聖人は、たとえ相手が悪人であっても、小さい子どもであっても、きちんと話を聞く「耳」を持っていて、聞いた話の中でいいことがあれば「口」を使って人に伝え、自分が言ったことは必ず実行する、ということを「聖」という字は示しているんだ。

僕も、自分の耳で聞いたことを一度おなかの中に取り入れて、「いい話だな。事実だな」と思ったらみんなに伝え、自分も実行する。自分にできないことや、やってもいないことを人に話しても、伝わらないからね。日頃から、自分が言ったことは責任を持って実行し、自分にできないことは首を突っ込まない、と心がければ、トラブルにも巻き込まれないし、自分にできないことでクヨクヨ悩むこともなくなるよ。

自分がやったことに責任を持つ

❖自分の発言や行動に責任を持つようにすると、いい加減なことはできなくなる。そして自分で責任を持てるということは、後始末も自分でできるということなんだ。どんな失敗をしたとしても、それを修正していけば、次の成長へのステップにすることができるんだよ。

よい行いの種は、必ずよい結果の芽を出す

仏教では「原因があれば、結果が現れる」と考えられている。これを人生にあてはめると、人生は行い次第で変わってくるから、いいことは進んでやって、悪いことはやらないようにするのが一番、ということになるね。

「原因があれば、結果が現れる」というのは、人間に限らず、この世にあるものすべてに通じることだよ。

たとえば、風に飛ばされたタンポポの種が、土の上にたどり着いて根を下ろすと、土から養分を吸収する。太陽の光に照らされたり、雨に降られたりしているうちに、芽を出して成長し、最後には花を咲かせ、種をつける。タンポポにとって、土や太陽の光、雨は、花を咲か

せて種をつけるために必要不可欠な恵みなんだ。

けれど、もしタンポポが養分や水を吸収しようとしなければ、いくらたくさんの恵みを与えられても、大きくなることはできないんだよ。

人間も同じで、前向きに生きていこうとする気持ちがないと、どんなに恵まれた状況に置かれていても、しおれてしまうものなんだ。

本来、恵みというものは、すべての生き物にまんべんなく降り注いでいるものだから、つらいと思える状況も、あとで振り返ってみると、自分にとってはひとつの恵みだったと気づくかもしれない。つらさにめげず、いい行いを一生懸命やっていれば、その努力は報われると思うよ。

ただ、一生懸命やらなくてはならないと思うがゆえに、自分の力量以上のことをする必要はないよ。無理したり、あせったり、肩に力を入れて頑張りすぎたりしなくていいんだ。自分にできることを、できる範囲で、前向きにやっていけばいい。仏様は、どんなときでも、きっと見守っていてくれるよ。

誰でもなすべきことがきっとある

❖みんなそれぞれ役目を持って、この世に生まれてきているのだから、他人になりたがるのではなく、自分の役割をやることが大切だよ。自分の悪いところが目に入ったら、隠そうとせずにすぐ修正していけばいい。早めに直せば、いくらでもよくしていけるからね。

第3章

恋愛で困ったときには

独身を悲観しなくていいんだよ

僕のところへ訪ねてくる人たちの中には、独身で結婚できないことを悩んでいる人もいる。「これから先も、ずっとひとりかもしれない……」と思ったら、不安でたまらなくて、つらい気持ちになってしまうという声を聞くよ。

だけど、人間はひとりでは生きていけないと言われているように、普通に生活していれば、必ず誰かの力や支えを受けて生きている。日々の生活の中で、人と人との縁はあらゆる場所に存在しているのだから、きっと出会いの縁もあると思うよ。もしかしたら、近すぎてその存在に気づいていないだけかもしれないしね。だから、いたずらに縁がないとか、これから先も結婚できないとか、考えすぎないほうがいいと思うな。

縁を求めるなら、自分から積極的に行動して、新たに縁を作っていくのもいいと思うよ。自分の世界に閉じこもっていては、なかなか新しい出会いはないだろうからね。

心を楽しませることを忘れてはいけない

❖物事のとらえ方は努力次第で変えられるんだ。苦しいときでも、自分で楽しいほうに転換してしまえば、落ち込むこともないからね。年がら年中恋愛して、ときめいている状態だと思えば、人生で起きることはなんでも恋愛の延長に思えて、ニコニコできるようになるよ。

本気で結婚したいなら……

結婚相手を見つけるために、一生懸命行動している人が最近は増えているそうだね。友達の大多数が結婚していて、ひとりだけ独身は嫌だからとか、親が結婚しなさいとうるさく言うからとか、いい歳だからとか……。人それぞれ、いろんな理由で探すんだろうし、それで結婚できればいいけど、「条件に合う人がなかなか見つからないから、相手を探し続けているんです」と言う人は、心と行いが合致していないんじゃないかな。

行動には気持ちが表れるもの。本当に心から結婚したいと思っていれば、あれこれ条件をつけて見定めずに、好きになったら一緒になれると思うよ。

もし真剣に結婚したいなら、条件をたくさん作って、「あの人はここがダメ」「この人はこの条件を満たしていないから無理」なんてことはやめて、まずは心から好きになれる人を見つけることが先決なんじゃないかな。

世間体を気にして結婚相手を探しているなら、やめたほうがいいと思うよ。不安やあせりから結婚相手を探しても、余裕のなさが相手に伝わるし、頭であれこれ損得勘定しているのも見抜かれてしまって、敬遠されてしまうと思うんだ。

恋人のことが好きだけど、相手の年収の低さが引っかかって結婚に踏み出せない、という人もいるんじゃないかな。

だけど、結婚生活は相手との心の絆がないと長続きしないもの。相手を思う気持ちよりも年収を大事にしているうちは、うまくいかないと思うな。条件に惑わされず、相手への慈愛や、感謝の気持ちを育める人を見つけてほしいね。

思いやりいたわり感謝の気持ち

❖人生なんて「思いやり」「いたわり」「感謝の気持ち」がなかったら、何もないのと同じなんだよ。人からしてほしいと思うことを自分から率先してやって、自分がされたくないことはしないように心がければ、なんでもうまくいくんじゃないかと思うよ。

つらすぎる失恋は、次の恋愛に活かそう！

一度大きな挫折や失敗をすると、自信をなくして引っ込み思案になったり、積極的に行動できなくなったりすることがあるよね。

恋愛でも同じだと思うよ。もし、結婚を約束していた相手に「他に結婚したい人ができたから別れてくれ」と突然言われたら、すごいショックを受けるだろうし、長年付き合った相手に裏切られたら、「私は誰からも愛されない、生きる価値がない人間なんだ……」と思って、自分を責めてしまうのも無理はないと思うんだ。

だけど、そこで自信をなくしちゃいけないよ。そんなときこそ逆転の発想で、「私の価値がわからない人なんて、こっちからお断りよ！」とか「私を手放すなんて、相当不幸な人ね」と、開き直って考えればいいんだ。

ショックを引きずって、じーっとしているより、前向きな気持ちで「この経験を次の恋愛に活かそう！」と考えれば、次の恋愛に進めるものなんだ。

失恋を経験すれば、自分に合うのがどんな人かわかってくる。失恋したときはつらいかもしれないけど、その経験は必ずプラスに転じさせることができるよ。

失敗や挫折は、すべて自分の教訓や糧になる貴重な教材。次に同じようなことがあっても、経験から学んだことを活かせば、それは決してムダにならないからね。失恋しても、自分なりの魅力を信じて、自信を持って前を向いていくことが大切だと思うよ。

どんな暗闇もその先には光がある

❖ある夜、山の中を拝みながら歩いていたら、提灯のろうそくが消え、予備の懐中電灯も切れてしまってね。それでも真っ暗闇の中、地面を這うようにずーっと歩き続けたら、日が昇ってきたんだ。人生もそれと同じで、つらいときでも頑張っていれば、必ず光が差してくるよ。

いい人の見極め方

本気で好きになれる人を探しているのに、いつも悪い男に引っかかってしまうから、「私は恋愛運が悪いんだ……」なんてなげいている人もいると思うよ。特に女の人は恋愛に対して受け身のことが多いから、裏切られてしまうと余計深刻になってしまうし、ひとりで悩んでしまうんだよね。

うわべの条件や一時的な感情に流されて、「だまされた！」とならないためには、必要なことがふたつあるんだ。ひとつめは、自分という人間をよく知ることだよ。自分の特長を見極めて、どういう生き方をすれば社会に貢献できるかを見つけるんだ。

そしてふたつめは、相手と一緒になったときにも、ふたりで社会に貢献するような働きができるかどうかをイメージしてみて、もしイメージができなければ、こちらから離れていけばいいんだよ。そうすれば、変なのに引っかかることもないと思うな。

人間的にいい人を見つけるには、相手のことをしっかり見て、お互いに「大丈夫だな」と信頼し合えることが何よりも大切だよ。お互いのことをよく知らない者同士が出会って、一年か二年お付き合いしたぐらいでは、相手の本質や奥の深い部分まではわからないものなんだ。

「お互いのことをなんでも知ってます」と自信たっぷりに言う人でも、「相手が小学生のときに、どんなことを考えていたか知ってますか？」と聞いたら、知ってるわけがないんだよ。小学生のときから中学、高校までどんなことをしてたか、話を聞く機会はあるかもしれないけど、リアルタイムで本人に接してない以上、本当のところはわからないんだよ。

だからこそ、自分というものをしっかり持って、本当に相手のことを信頼できるか見極めていけば、自分に合ったいい人が見つかるんじゃないかな。

すべては心の持ち方ひとつ

❖物事の善し悪しは、心の持ち方でどうにでも左右されるものなんだ。人の第一印象は〇・二五秒くらいで心が判断するというけど、人間の本質は外見ではわからないものなんだよ。だから、何事もうわべだけで判断せずに、本質を見極める目を持たないといけないよ。

第4章

心身の健康を保ちたいときには

その年代ならではの輝きを大切にする

人間は誰でも、歳をとれば身体にガタがきて、クシャクシャになるのが当たり前。どんな美男美女でも、例外なくシワクチャになるものなんだよ。けれど、少しでも若くいたいという思いから、老化に対抗しようとすると、多大な努力が必要になるし、苦労するんだよね。

歳をとれば、あちこちひずみが出るとわかっているんだろうけど、どこかでその自然の摂理を忘れてしまって、「老化防止に効くと言われているこの高級なクリームを塗れば、お肌にハリが戻るんじゃないかしら」とか「この薬を飲めば、老化を止められるかもしれない」なんて思って、あれこれ手を出すんだと思うよ。

もちろん、努力することで結果は出るかもしれないし、それを邪魔するつもりはないけど、いくら手を尽くしても、歳をとることは止められない。努力をやめれば、その反動は必ず心身に影響を及ぼすからね。

自然の流れに逆らうのは、激流の川の流れに逆らって泳ぐようなもの。一生懸命頑張って泳いでも、最終的には溺れてしまうなら、ただただ川の流れにそってスーッと泳いでいけば、あれこれ悩まず、心も身体もラクになるんじゃないかな。

三〇代には三〇代の、四〇代には四〇代の生き方や楽しみがあるんだよ。若さに固執するより、年相応の魅力を出すことや、そのときそのときにある楽しみや輝きを見出すほうが、心身共にイキイキして、若く見えると思うよ。

命をいただいていることを忘れちゃいけない

❖命をいただいた以上は、それが自然に終わるまで続けていかないといけないよ。身体に障害があっても、それは命とは別のことなんだ。最近は子どもの性別まで自分の思いどおりにしようとする人もいるけど、命は授かりものなんだから、自然のままが一番いいと思うな。

断食のメリット

ここ数年、ダイエットや美容・健康のために、プチ断食とか週末断食が流行っているそうだけど、断食は心身を健康にするだけでなく、食べ物のありがたさを強く実感する機会にもなるんだ。

普段当たり前のように食べていた食事も、断食をすると、いろいろな命をいただいて自分は生かさせてもらっているんだ、と思えて感謝の念が湧いてくると思うよ。

世界の中には、飢餓問題で苦しんでいる人たちが大勢いる。断食中に、そういう人たちに想いを馳《は》せ、自分が断食した分の食費を貯めて、ユニセフや飢餓問題に取り組んでいる支援団体に寄付するのもいいと思うな。飢餓に苦しむ人たちにとって、こんなにうれしいことはないと思うし、改めて自分がいかに恵まれているかを、再認識できると思うよ。

毎日の生活の中に本物を据える

❖世の中には加工された商品が横行していて、京都の西陣織にはプリントで作られた物もある。だけど、よく見てみると職人さんが織った物との違いがわかるし、本物を着ている人とプリントを着ている人は着こなしが違うんだ。やっぱり本物に触れることは大切だよ。

自分のペースで生活して、若さをキープ！

僕はよく、「阿闍梨《あじゃり》さんの肌は、本当にツヤツヤしていますね。いつも元気だし、実際の年齢より若く見える」と言われるんだ。みんなお世辞で言ってくれてるのかもしれないけど、若さの秘訣として思い当たることがあるとすれば、毎日同じリズムで暮らしているというのがいいのかもしれないね。

毎日、だいたい同じ時間に同じ行動をしていれば、小さなハプニングが起きたとしても、それを心の中で引きずらずに済む。もし、ハプニングに心をとらわれてしまったら、そこで立ち止まってしまい、いつもどおりに行動できなくなってしまうからね。

多少時間が遅れても構わないんだ。できるだけ、いつも同じ時間に同じことを繰り返していれば、細かいことにこだわって心をわずらわせたり、悩んだりすることなく、若々しくいられるんじゃないかな。

自分なりのリズムを作って、それに合わせて行動していくことが、長続きのコツだよ。世間のリズムに合わせることはないんだ。自分のリズムに合わないのに、誰かのリズムに合わせようとしても、無理が生じて長続きしないからね。

毎朝、元気に一日を始めたいなら、一五分でもいいから外へ出て散歩するのもいいと思うよ。朝に散歩すると、空気もきれいだし、心身も活発になるから、やる気も出てくる。散歩に限らず、自分にとって「これをしたい！」というものを見つけて、それを毎日繰り返していけば、いつも健康でいられると思うよ。

夜が明ける
いつものように
朝がくる

❖夜になったら放っておいても朝がくるし、朝がきたらどうしたって夜になる。誰も時を止められないのだから、一日一日を真剣に考えないといけないよ。すべての基本となる最初の一歩が、正しい物の考え方に基づいていれば、成功の道に入っていけるからね。

カッとしたら、すぐにニコッと笑おう

僕は俗世にいた頃、すぐにカーッとなる性格だった。若いときは血の気が多かったから、言わなくていいことを、つい口に出してしまい、反省ばかりしていたんだ。

ちょっとしたことで頭に血が上っていたのは、傲慢《ごうまん》な気持ちを持っていたからかもしれないね。自分を相手より上の立場に置いて物事を見ていると、目くじら立てて怒ることでもないのに、イライラしてしまうんだと思うな。

怒りっぽい性格を理詰めで直すのは難しいから、頭にきたら、すぐ「ニコッ」と笑えばいいと思うよ。それを習慣にすれば、ずっと怒り続けることはできないし、ニコッと笑うことで一呼吸つけるから、カッカしてるのがアホらしくなるんじゃないかな。

自分に余裕がなくて気が立っているときは、深呼吸でもして、冷静になるといいよ。相手の立場に立って物事を考える余裕ができると、案外許せることもあるからね。

破顔微笑《はがんみしょう》

❖心に悟ることがあってニコッと笑うこと。まずは、形だけでも笑顔を作ってみると、いつの間にか気持ちもついてくるものだよ。楽しい人生にするためには、日々の積み重ねが大切なんだ。普段からニコニコして、楽しく生きることを心がけたいね。

目標を持てば、心がイキイキして希望が湧くよ

出家する前の僕は、何の目標もなく、ただ漠然と生きていた。四〇歳前までフラフラしていて、「どこかにいい金儲けの話がないかな」なんて思ってたこともあるよ。

だけど、いろいろな人たちに導かれて、仏様の道を歩むようになってからは、目標ができた。「仏様に恥じない生き方、少しでも世の中のためにお役に立てる生き方がしたい」という気持ちが湧いてきたんだ。

人間の寿命は限られていて、刻一刻と死へ近づいている。死ぬまでの時間を有意義なものにするために、目標や計画を立てて生きることは、未来へ希望を持つことになると思うな。目標がなかった頃は、目

の前の出来事に右往左往して、それこそ不安になったり、迷ったりしていたんだ。もちろん、目標ができてからも、「もうダメだ」と思うことはあったけど、結局どんなつらいことも乗り越えられた。

人は誰でも、目標を掲げて、それに向かって行動することができると思うんだ。目標を実現する可能性は、誰にだって平等にある。それなのに、過去を振り返って悔やんでばかりいては、いつまでたっても前に進めない。そんなことをしていたら、心も身体も弱ってしまうのは当然だよ。

時間は、いまこのときも変わらず過ぎていく。同じ時間を過ごすのなら、希望を持って、いまの自分に合った目標を見つけ、行動に移していこう。やり遂げたいという気持ちが、生きる気力を与えてくれると思うし、目標の実現を導いてくれると思うよ。

道は遥かなり

❖遥かな道も、一歩一歩進んでいけば必ず目的地にたどり着けるように、どんなに大変なことも、ひたすら進んでいくしか道はないと思うよ。余計なことを考えれば考えるほど、大きなリュックを背負ってるみたいにしんどくなってくるし、前へ進めなくなるからね。

外見について クヨクヨしなくていい

昔、僕が中国の五台山《ごだいさん》から巡礼を終えて帰るとき、空港のチェックカウンターで足止めされて困っているところを、山西省《さんせいしょう》の宗教局長が助けにきてくれたんだ。宗教局長は六〇歳前後の女性だったんだけど、肌のきめが細かくて、若々しくきれいでね。「べっぴんさんですね」と思わず局長に言ったら、「とんでもない。日本の女性のほうがきれいでうらやましい」と、局長は大真面目に返してきたんだ。

だから僕は「日本人が美しいと言われているけど、じつはあれ、ウソなんですよ。お化粧で、肌にペタペタペンキを塗ってごまかしているんですよ」と言ったら、それまでしかめっ面をしていた局長が笑い出して、僕にウィンクしながら、美しさの秘訣のようなものを教えてくれたんだ。「美しいって言われるのはうれしいわ。本当に美しく見えるのなら、外見に対してあれこれ悩んだり、こだわったりしていないからだと思います。あれこれこだわらず、自然のままにいるのがいいのかもしれませんね」と。

若い女性は特に、自分の外見に対していろいろ思い悩んだり、コンプレックスを抱えたりしがちだと思うけど、いろいろ思い悩むよりも、いまの自分を受け容れて、自然に生きるのがいいんじゃないかな。僕らはいつ死ぬかわからないし、死んだらみんな骨になるんだからね。きれいになったって一時的なもので、それはいつか失われるもの。心にこだわりがなく、内面が潤《うるお》っていれば、魅力的に見えるはずだよ。

それに、いくら外見がきれいでも、内面が清らかでなければ、魅力はないんじゃないかなぁ。自分なりの美学を持って、芸術に触れるとか、自分の興味あるものに集中するほうが、高い化粧品に投資するより、よっぽど魅力的になれると思うよ。つまらない感情を捨てて、人生を探求しながら楽しく生きる人が、一番美しいんだから。

あるがままを
あるがままに

❖あるがまま以外真実はないように、あるがままの自分を受け容れないと、スタート地点を間違ってしまうんだ。間違った場所でいくら頑張っても、結局は何もつかめないからね。だから、素直な心でいまの自分を認めて、そこから自分を生かしていけばいいんだよ。

第5章

仕事・勉強で悩んだときには

モチベーション維持のコツ

仕事や勉強をずーっとやっていると、「なんだかやる気がしないなぁ……。もうサボってしまいたいなぁ」なんて思うこともあるんじゃないかな。モチベーションを保ちながら、ひとつのことをずっと続けていくには、いま取り組んでいることに興味を持って、あせらずゆっくりやっていくことだ。

継続してひとつのことをやっていく状態を、燃えているろうそくにたとえると、あせりや無理矢理頑張ることは、強い風となってしまい、ろうそくの火を途中で消してしまうんだよ。

そうならないためには、コツコツコツコツ、一歩ずつ前へ進んでいくのが一番いいんだ。試行錯誤しながら、自分にとってほどよいペースを見つけ出し、それを保つようなやり方をすれば、苦労なく続けていくことができると思うよ。

コツコツ実践していく

❖ゆとりのある教育は、一人ひとりの持ち味を認めることから始まるんだ。好きなことや得意なことを勉強させて、毎日の生活の中で学んだことを実践させるようにすれば、強みを伸ばすことができるし、頭の中に余裕を作ることができるからね。

疲れすぎて動けないときは、回復を待つ

自分の実力以上の勉強や仕事をこなそうとして、休みなく一生懸命頑張りすぎてしまうと、心も身体も限界を超えてしまって、動けなくなってしまうことがあるんだ。自分ではこれくらいならできると思って頑張っているんだろうけど、自分のことを過信しすぎているんだよね。

また、人から認めてもらいたいがために一生懸命やってしまう人もいるけど、そういう欲にとらわれてしまうと、自分自身を見失ってしまうし、よい自分を見せようとするから、いつも無理をしていないといけなくなるんだよ。

疲れすぎて動けなくなってしまったときは、じっとして自分の心や

身体の回復を待つのが一番いいんだ。どう頑張っても動けないときに、なんとかしようとしてもダメなものはダメなんだからね。静かにじっとすることで、ちょっとずつ元気が出てくるから、そうしたら少しずつ自分から動くように努力していけばいいんだよ。

動けるようになったら、今度は心身が壊れてしまう前に、自分で適度に休みをとる練習をしていこう。休むと人に後れをとるから嫌だとか、周りに迷惑をかけたくないと思う人もいるだろうけど、休まないで頑張り続けた結果、長期間身体を壊したり、うつ病になったりするくらいなら、早いとこ休んだほうがいいんだよ。

心身のバランスを大きく崩して、つらい思いをしないためにも、適度な休みをとりながら、自分の実力に合ったことをしていきたいね。

風のように流れ雲のように散る

❖人生は風と同じように、流れていっては消え、流れていっては消えるものなんだ。毎日の生活も、雲のようにさまざまな形へ姿を変えて、崩れるときもあれば、よいほうへ向かうときもあるんだよ。だから、自然の流れに逆らわないで生きていくのが一番いいんだ。

グチの言いすぎには要注意！

勉強や仕事がうまくいかなくて、ついついグチを言いたくなることもあると思うけど、あんまりグチってばかりいると、それがクセになってしまうよ。

グチを言ってる本人は、ストレス発散になって少し気が晴れるのかもしれないけど、いつもグチを聞かされる人たちは、だんだん嫌な気持ちになるよね。

ついグチを言いたくなるのは、勉強や仕事に対して夢中になれていなかったり、目標や目的を失っているからじゃないかな。目の前のことに夢中になっていれば、前向きな気持ちやアイディアが湧いてきて、暗い気持ちになる暇はないと思うよ。グチりたくなったら、いまやっているることを一度仕切り直してみるのがいいかもしれないね。

つらい気持ちを溜め込むのはよくないけど、暗い顔をしてグチばかり言っていると、大きなマイナスになって自分に返ってくるから、気をつけたほうがいいと思うな。

困難にくじけない逃げもしない

❖人生は守りに徹するのではなく、前向きに攻める姿勢でいくことだよ。人間はつらくなるとどうしても逃げたくなるけど、それをこなすだけの根性をつける必要があるんだ。つらいからといって逃げないで、「七難八苦、我に与えたまえ」と言える余裕を持ちたいね。

ひとりでいるのが気軽なら集団に属さなくてもいい

人にはいろいろなタイプがあって、社交的で人と一緒にいることが好きな人もいれば、団体行動が苦手な人もいるよね。学校や職場だと、仲のよい友達同士や同僚が集まって、お昼を一緒に食べることも多いと思うけど、ひとりでいるのが好きなら、無理して仲間に入ることはないんじゃないかな。

ただ、人付き合いが苦手で自分から壁を作ってしまうために、なんとなく人間関係がうまくいかないというのであれば、苦手意識のせいで損をしているかもしれないよ。人はそれぞれ、性格や育った環境、価値観が違うからね。初対面や付き合い始めて間もない頃に、違和感を持ったり、近寄りがたさを感じたりするのは、ごく普通のことだから、過度の苦手意識を持たずに人と接するのがいいんじゃないかな。

特定のグループに属さなくても、人と関わることはできるから、普段から相手の立場に立って物事を考え、相手の気持ちを受け止めながら行動していけば、いい関係が築けると思うし、自然な会話ができると思うよ。時間をかけて話をしていけば、だんだん相手のことがわかってきて、絆も深まったりするからね。人と関わることで、自分の意外な一面を発見するかもしれないよ。

そういうことをふまえたうえで、ひとりで過ごしたいときは、あまり深く考えずにひとりでいればいいんじゃないかな。いつも自然体でいるのが一番だと思うよ。ひとりでいることは、恥ずかしいことではないからね。

悠《ゆう》悠《ゆう》自《じ》適《てき》

❖俗世間の諸事にわずらわされず自分の思うままにゆったりと心静かに過ごすこと。人は不安やイライラを抱えると呼吸が浅くなるんだけど、それは心身のバランスが崩れているサインなんだ。一拍置いて深呼吸してごらん。呼吸が整ってリラックスできると思うよ。

褒められても、調子に乗って天狗にならない

成果を上げて褒められると、ついうれしくなって、調子に乗ってしまうこともあるよね。ちょっと気が大きくなるくらいならかわいいものだけど、天狗になって威張ってしまったら、それまで積み上げてきたものが台無しになってしまうんだ。

僕は「生き仏」なんて言われることがあるけど、そんなときは自分を見失って、ふんぞり返ったりしないよう、気をつけないといけないなと思うよ。僕はただ、縁あって長い歴史のある、有名な比叡山《ひえいざん》で行をさせてもらっただけのこと。もし同じことを、名もない山で、ひとりひっそりやったとしても、誰からも「生き仏」なんて言われないはずだからね。

人間は、周りの人からちやほやされると、自分が偉くなったような気がしてしまう。そこでおごりが出てくると、周りの人へ無理難題を要求したり、自分の心を磨く努力を怠ってしまう。

けれど、自分の評判を気にして、外側をいくら取り繕《つくろ》っても仕方ないんだよ。素の自分がどんな人間か、自分が一番よく知っているはずだからね。人生において大切なことは、人からすごいと言われることではないんだ。

優秀な人も、できが悪い人も、みんないつか死んでしまう。だから、寿命が尽きるまでの間、自分と正直に向き合い、外側の評価に振り回されず、ありのままの姿で懸命に生きることが大事なんだと思うよ。

どんなものにも終わりがありまた新たな始まりがある

❖物事というのは、ひとつのことが終わった途端に、次の新しい世界が待っているんだ。始めもなければ終わりもない、「無始無終《むしむしゅう》」の世界なんだよ。だから、もし成功したとしても手を叩いて喜ぶのではなく、それを基盤にしてまた新たな一歩を踏み出していくことだよ。

厳しく指導されたら「試されている」と思おう

学校でも会社でも、先輩や先生、上司から厳しく指導されることや、怒られることがあると思うよ。大きな声で怒鳴られたり、長時間お説教されたりするのは、誰でも嫌だなと感じるだろうけど、そこで心を腐らせずに、一呼吸置いてから、どうして厳しくされるのか考えてみたらどうかな。

僕もね、お山でお仕えしていたお師匠さんに厳しくされて、相当鍛えられたんだよ。

千日回峯行をやっていたときに、行と並行してお師匠さんの日常のお世話をしていた僕は、毎日目が回るほど忙しくて、息つく暇もなくてね。

ヘトヘトに疲れて、一瞬眠りに落ちていると、お師匠さんはいつも寝ている僕のことをわざわざ踏みつけていくんだ。だけど、僕はお師匠さんのことを「意地悪なことするな」とか、「嫌な人だなぁ」とは考えなかった。そりゃあ、「わざわざ寝ているところを通らなくてもいいのになぁ」とは思ったけどね。

その頃の僕は、お師匠さんのことを憎む代わりに、仏様に試されていると思ったんだよ。僕が坊さんに適した器量を持っているかどうか、仏様がお師匠さんを通してチェックしているんじゃないかってね。だから、お師匠さんにげんこつで殴られても、蹴り飛ばされても、くじけなかったんだ。

人は本能的に、相手が敵か味方かを感じ取るというから、指導する立場の人から敵とみなされれば、厳しくされることがあるかもしれないね。

だけど、相手の心をどうこうしようとしても、どうにもならないんだから、たとえ厳しくされても、そこでへこたれないことだよ。

「いま、自分は試されているんだ」と考えて、前向きに進んでいけば、その経験も貴重な財産になるんじゃないかな。

どんなものにもいいところがあるんだよ

❖いつも冷たくて意地悪そうに見える人も、欠点だらけでいいところがひとつもないように見える人も、いいところは必ずあるものなんだよ。相手の悪い部分を見るのではなく、いい部分を見つける努力をしてみたら、案外と悪い人じゃないとわかるかもしれないよ。

第6章

いい人間関係を築きたいときには

誤解を解くには、腹を割って素直に話すこと

人間関係では、ときとして思わぬことから誤解が生じることもあると思うよ。たとえば、自分の知らないところで根も葉もないウワサを立てられて、相手が真相を確かめもせずに、ウワサを信じてしまったら、誤解が生じるのは当然だからね。

自分に誤解させるような原因があったのなら、きちんと話をすればいいと思うし、誤解が原因でケンカしてしまったのなら、相手に連絡して、素直に謝ってから事の経緯を説明すればいいと思うよ。自分に悪いところがなければ、毅然《きぜん》とした態度で、デーンと構えてればいいんだ。身に覚えのない悪いウワサは、得てして嫉妬が原因で立つこと

が多いからね。

話をする前に、「どうしよう……。理解してもらえるかな」なんて心配して、躊躇《ちゅうちょ》するかもしれないけど、そこは思い切って話をしてみれば、意外とすんなり誤解が解けるかもしれないよ。正直に話をすれば、誤解もなくなって、前より親密になれることもあるからね。

言葉と行いはひとつにならなきゃいけない

❖いま言ったことと、あとでやってることが違ったら、人から信用を得ることはできないんだ。自分にできないことは言わず、陰に隠れて徳を積むことが大切だよ。見返りを得ることや、人から認められることを求めなければ、世の中うまくいくんじゃないかな。

親しい仲でも、お金は貸さないほうがいい

「お金の貸し借りは人間関係を壊す」なんてよく言われるけど、本当だよね。お金は人を変えてしまうし、お金を持つことで、物事の本質が見えなくなることもある。

たとえば、事業で急に成功すると、多額の儲けが出るよね。すると、持ち慣れないお金を手にした人は有頂天になってしまって、足をすくわれることが多いんだよ。そういう理由から、お金が魔物にたとえられたりするんじゃないかな。

もしなんらかの事情で、お金に困った人が自分を頼ってきたとしても、貸さないほうがいいと思うな。それは友達や同僚に限らず、親や兄弟でも同じだよ。

どうしてもお金を貸すのなら、貸したお金は返ってこない、というつもりで貸すことだね。貸したことをあとで後悔しない覚悟があれば、貸してもいいと思うよ。

ただ、相手をつなぎとめるために貸すとか、相手に憎まれたくないから貸す、というのなら、一度考え直したほうがいいと思うよ。不安や恐れからお金を貸すのではなく、「自分の生活で精一杯だし、これまでの信頼関係を壊すのは嫌だから、無理だよ」と素直にはっきり断るのも、ひとつの選択じゃないかな。うやむやな態度をとると、断っているんだか、断っていないんだかわからないし、相手に付け入る隙を与えてしまうからね。はっきり言ったほうが、あとでお互いの間にしこりも残らないよ。

たとえ断ったことで、これまでの関係が壊れたとしても、それはそれで仕方がないこと。お金だけは、貸し借りしないほうが無難だと思うよ。

道《どう》心《しん》堅《けん》固《ご》

❖道義心を堅く守り何があっても変えないこと。最近は、倫理観や道徳観が薄れているとよく聞くけど、道義を守ることは大切なんだ。人間関係において、相手の言うことをなんでも聞いてあげるのは本物の「情」にはならないからね。時には厳しさも必要なんだよ。

「悪いことしちゃったな」と何度も思うときには

どんな人でも、これまでの人生で誰かを傷つけてしまったことが、ひとつやふたつあるんじゃないかな。ウソをついたり、悪口を言ったり、約束を破ったり、相手を裏切ったり……。自分が気づかぬ間に、人の心を傷つけていることもあると思うよ。

悪いことをしたとき、すぐに謝ることができればいいけど、なんとなくバツが悪くて謝れず、そのままにしてしまうこともあるよね。すると、過去のことを思い出すたびに、「悪いことをしたんだから、罪を償う必要があるんだ」という気持ちから、自分を責めて罪悪感にさいなまれてしまうかもしれない。

だけど、自分を責めて後悔するよりも、自分がしたことをきちんと謝罪するのが最優先だと思うよ。直接が無理なら、心の中でもいい。
そして、普段から人に対して思いやりを持ち、いいことをしていれば、
罪悪感も少しずつ消えていくんじゃないかな。

迷悟一如《めいごいちによ》

❖迷いと悟りは本来同一のものである。心に迷いが生まれたときは、自分を変えるチャンスをもらったと考えてごらん。「悪い結果になったらどうしよう……」とマイナスなことばかり想像しないで、前向きな気持ちで行動してみれば、心の迷いがなくなると思うよ。

ムカつく人との接し方

世の中にはいろいろな人がいるから、ときとして「あの人、許せない！」と思うようなこともあると思うよ。だけど、そう思ったときは、ちょっと立ち止まって考えてみてほしいな。

物事の善悪というのは、個人個人の価値観にしたがって判断されるものだよね。たとえば、時代劇や講談なんかで、ねずみ小僧が出てくるけど、彼は話の中で、お金持ちから盗んだお金を貧しい人に分け与えているよね。人の物を盗むのは悪いことだけど、貧しい人たちからしたら、ねずみ小僧はいい人になる。物事のとらえ方次第で、善悪はひっくりかえってしまうんだ。

だから、自分の価値観にしたがえば許せないと思うことも、他の人の価値観で見たら、まったく気に留めないことかもしれない。そうやって考えていくと、何事も素直に、誠実に、ありのままの姿を見るのが一番、ということになるんだ。

カッとしたり、イライラしたりしているときは、心をまっさらにして相手を見ることが難しいかもしれない。そういうときは、すでに自分の価値観を通して相手を見てしまっているからね。

一度深呼吸でもして、冷静な心を取り戻してから、相手にまつわる過去の記憶や、余計な価値判断を捨てて、目の前にいる相手のことをただ感じてみるといいよ。いま起きていることは、それ以外に何もないからね。いつもイライラしているように見える相手は、目の前にいるその人じゃなくて、自分が作った幻想なのかもしれないよ。

昨日の自分は昨日で終わり今日は新しい自分

❖昨日の出来事を根に持って、今日もあれこれ考え続ける必要はないんだよ。もし昨日怒られたとしても、しゅーんとせずに新しい気持ちでいけばいい。嫌な人に会ったら明るく挨拶をして、相手がぷーっとしていたら、かわいそうな人だな思っていればいいんだから。

仲よくなりたければ、自分から心を開こう

内向的な人は、見知らぬ人と接する機会や、新しい環境へ入っていくことが苦手かもしれないね。ひとりでいるところを見られるのが恥ずかしいと思えば思うほど、みんなが楽しそうにしている場所を避けたくなるんじゃないかな。

仲間が欲しいなら、思い切って自分から話しかけてみるといいよ。僕も坊さんになる前は、人と会うと逃げる姿勢だったんだ。それでも、いろいろとぶつかっていくようになって、道が開けた。だから、最初はうまく話せなくても、何度も繰り返せば慣れると思うし、自分から心を開けば、案外すんなりと仲よくなれるかもしれないよ。

人はひとりでは生きられない。たくさんの人に支えられて生きてい

るから、たとえいまいる場所で孤独を感じているとしても、それはたまたま話の合う人が見つかっていないだけのこと。自分を追い詰めず、心を開いて、気の合う人を見つけてごらん。

和気藹藹《わきあいあい》

❖やわらかでむつまじい気分が満ち満ちているようす。僕が世界各地の聖地を巡礼したとき、多くの人たちと接したんだけど、言葉が通じなくても一生懸命相手のことを知ろうとすれば、気持ちは届くものなんだ。相手は声をかけられるのを待っているかもしれないよ。

ウワサ話や悪口ばかり言う人は心の寂しい人なんだ

世間では、人のウワサ話をしたり、悪口を言ったりするのが趣味のような人もいると聞くよ。そういう人たちは、手持ち無沙汰で、どこか心が寂しいんだろうね。だから、つい人のウワサをネタにして、いろんな人とおしゃべりするんだと思うよ。

話を聞きたくなかったら、付き合わないのが賢明だろうね。ただ、無視をしてまったく付き合わないというのは難しいだろうから、挨拶ぐらいはして、あとは付かず離れずの距離をとって接するといいんじゃないかな。

もし、人間的に嫌いでなければ、「いつも同じような話ばかりで退屈だから、もっと楽しい話をしようよ」と相手に言ってみたらどうかな。それでもウワサ話や悪口ばかり話すようなら、話題を変えるのは難しいかもしれないね。

「あの人はウワサ好きだよね」と冗談で済んでいるうちはいいけど、話にあれこれと尾ひれがついて、事実とまったく異なる話を広めている、なんてこともあると思うよ。そんなときに、自分がその場に居合わせて同調していると、あらぬ疑いをかけられてしまう可能性があるから、注意が必要だよ。

寂しさを感じていて、それを解消する術《すべ》がない人が、ウワサ話や悪口に明け暮れてしまうんだろうね。誰かに心の隙間を埋めてもらいたくて仕方ないんだと思うよ。

ただ、親友や親しい人がウワサ好きだったら、ふたりでいるときに、聞き役になって話を聞いてあげてもいいと思うな。それは、善行のひとつになるからね。仏の慈悲の気持ちを持って、ひとつ、話を聞いてあげたらどうかな。

和光同塵《わこうどうじん》

❖才能や知恵をやわらげ隠して俗世間の中に交わっていること。時には広い心で相手を受け止めてあげよう。人に善行を施すことは、自分の徳を積み上げ、品性を培うことになるんだ。心の財産である徳は決して減らないし、いろんな人から慕われると思うよ。

出会いや縁は、将来どこでつながるかわからない

「縁が欲しい！」と願ったところで、すぐ簡単に縁を得られるものではないんだけど、縁というものは不思議なもので、世の中をぐるぐる回っているんだ。一見、いまの自分が望むこととは無関係に見えても、あとになって「あのときとつながっていたんだ……」なんてことがあるものだよ。

僕も、縁について不思議な体験をしたことがあるんだ。

仁侠《にんきょう》映画が好きだった僕は、高倉健さんが駆け出しの俳優だった頃から、スクリーンでよく観ていたんだ。ある日、いつの間にか主役を演じている健さんを観て、「頑張ってるなぁ。自分も一生懸命勉強しないとな」と思えて、健さんに励まされているような気持ちになっ

たのをいまでも覚えているよ。

それで、僕は僕にできることを毎日コツコツ頑張ったんだ。するとある日、健さんがお寺にフラッといらっしゃったんだよ。たびたび映画を観ることで、健さんを身近に感じてはいたけど、まさかご本人に会える日がくるなんて思ってもいなかったから、本当にびっくりしたよ。

地球上にはたくさんの人がいるけど、出会う人はその中のほんの一部。接点がないと思っていた健さんと出会えたことは、何かの意味があると思ったんだ。

それは、親や兄弟、友達、同僚、上司なんかでも同じなんじゃないかな。この地球上で、同じ時代に生まれて出会えたということは、何かの意味があると思うよ。新しい出会いも、古くからある出会いも、自分にとってなんの意味があるのか、心に問いかけてみるのも面白いと思うね。

いまは目に見えないけど、身近にある縁や、心惹かれるものを大切にしていけば、将来どこかでつながるかもしれないよ。

どこでどうなるかわからない

❖何事も粘り強くやっていけば、いつかやり遂げられるし、成功するものなんだ。いまはダメでも長い目で見てみれば、どこでどうなるかわからない。だから、予測できないことを不安に思うことなく、失敗にもこだわらず、ひたすら前へ進んでいくことだよ。

第7章

苦境に立たされたときには

どんなにつらいことも、時間が解決してくれる

目の前にあることを一生懸命やっていても、思わぬことをきっかけに、やっていたことがダメになることもある。そんなときは、さぞかしつらいだろうと思うよ。

戦後、僕の父親は、荻窪の駅前でラーメン屋さんをやっていたんだ。朝八時に仕事を始めて、仕入れや仕込み作業が終わる一一時にお店を開き、酔っ払ったお客さんたちが帰る深夜三時頃、ようやくお店を閉める。それから鍋の火を落として掃除をして、やっと眠れたと思いきや、すぐに朝がきて、仕込みを始めるんだ。

僕も手伝いをしていたんだけど、毎日同じリズムで夢中になって働いていたら、あっという間に四～五年たってね。結構繁盛していたん

だよ。だけど、あるとき突然火事に巻き込まれて、ラーメン屋も周辺の店もみんな焼けてしまったんだ。犯人は捕まったものの、証拠不十分ですぐに釈放されたし、火事の原因もわからずじまい。

火事から一週間たっても、捜査中だからといって、お店のあった場所に入らせてもらえなくてね。途方に暮れているわけにもいかないから、お店を失った人たちは、東京都や都議会議員に「立ち入り禁止を解いて、仕事をできるようにしてください」と頼むんだけど、一向にらちがあかない。そのうち、お店のあった地域一帯に、区画規制対象のため、飲食店の営業は禁止する、という条例のようなものができてしまった。雀の涙ほどの立ち退き料を与えられて、商売を再開することは叶わなかったんだ。

またラーメン屋で働くことを心待ちにしていたから、目の前が真っ暗になって、すごくショックだったよ。

だけど、どんなにつらいことも、時間が解決してくれる。いつか、あんなこともあったな、と思える日が必ずくるから、現状を見て絶望することはないよ。人生を長い目で見て、いまできることを一生懸命やっていけばいいからね。

いまだけが人生じゃない　いいと思える日が　きっとくる

❖いつも現実だけをとらえるとしんどくなるけど、物事は変転しているからね。いま悪くても上昇していいときはくるし、また時がきたら下降してきて、いいものが減っていくんだ。人生はその繰り返しだから、長い目で物事を見て、ダメならダメなりに生きていけばいいんだよ。

仏様は、
みんなの心の中にいるよ

僕が三年籠山《ろうざん》という修行をしたときに、一緒にお山へ籠った籠山生たちは、僕より二〇歳も若かったんだ。みんな学校も出てるから、お経を唱えるときもすらすら読める。かたや僕はというと、一ページ読むのにみんなの三倍時間がかかるんだよ。

そんな僕が、若い人たちと一緒に修行させてもらえるのだから、後れを取り戻すためにも、人より早く起きてお勤めしようと思ったんだ。

そこで、みんなが寝ている間にお経を上げる練習をすると決めて、夜のうちに西塔《さいとう》を出発し、根本中堂《こんぽんちゅうどう》まで歩いてお参りに行き、阿弥陀堂を経由して明け方西塔に帰ってくることを続けていたんだ。

阿弥陀堂近くに琵琶湖が見える場所があってね。ある日ちょうど東から太陽が昇って、琵琶湖の上空を茜色に染めていった。きれいだなぁと思いながら朝日を拝んで山王院《さんのういん》までやってくると、白夜のような空に、なんともいえない美しい月が青く光り輝いていたんだ。それは言葉も出ないくらい美しい光景で、赤くキラキラと輝く太陽の光と、青くさえざえとすべてを照らす月の光が、空で交差するようだった。

しばらくじっと眺めているうちに「僕が毎日お参りしているのは根本中堂のご本尊である薬師如来。お薬師さんの脇には、日光菩薩と月《がっ》光《こう》菩薩があるから、いま僕が見ている光景は、太陽が日光菩薩で、月が月光菩薩じゃないか。だとしたら、お薬師さんはどこにいるんだろう」と、ふと考えた。

すると、「僕はいま、太陽と月の間に立っているのだから、仏様は僕の心の中にいらっしゃるのではないか……」という考えが浮かんでね。そのとき、仏様はいつでも僕を見守ってくれていると確信したんだ。

僕に限らず、どんな人の心の中にも仏様はいて、いつも見守ってくれている。安心して、自分の道を歩いていけばいいんだよ。

仏様はすべてを生かしてくださる

❖人間は自分たちが勝手に生きていると思う面があるけど、自然や仏様が空気を恵んでくれているから生きることができるんだ。いま与えられている命や身の回りにある物を大切にして、感謝しながら生きていくのが大切なことなんじゃないかと思うよ。

嫌な気持ちは、その場限りで「さよなら」

嫌なことがあると、それを引きずってしまう人がいるよね。普段は強い人でも、大きなショックを受けるようなことがあると、不安や恐怖から、何度もその出来事を思い出してしまい、自分の気持ちなのに手がつけられなくなってしまうこともある。

そんなときは、こう考えてみたらどうかな。「嫌なことは、その場限りでおしまい。今日の自分は今日でおしまい。明日はまた新しい自分が生まれる。一日が一生だ」と。

嫌なことを思い出して落ち込んだって、なるようにしかならないんだ。どうせ同じ時間を過ごすなら、気持ちよく過ごしたほうがいいよね。クヨクヨ悩んでいると、その人の周りには重い空気が漂うし、嫌いな人のことを思い出して「嫌だなぁ」と思えば、それは相手に伝わって、仲を阻《はば》む溝になってしまうんだ。

たとえ今日ケンカをしたとしても、「一日一生」と思って生きていれば、ケンカはその日でおしまいにして気持ちを切り替えられるし、相手を憎んだり、嫌ったり、恨んだりする気持ちともさよならできる。そうして、今度ケンカした相手と会うときには、こちらから堂々と挨拶すればいいんだ。向こうがどういう態度をとっても、それは向こうの勝手だから放っておいて、こっちはニコニコしていればいいんだよ。

それは苦手な人に対しても同じことが言えるよ。ビクビクしたり、避けたりせず、積極的に接していけば、そのうち普通に話せるようになるんじゃないかな。嫌なことや、つまらないことにこだわらなければ、いつもいい気持ちで過ごせると思うよ。

無理せず急がず
はみださず力まず
ひがまず威張らない

❖世の中や人生には浮き沈みがあるのだから、つらくなってきたときも無理をせずに、ゆっくり構えればいいんだよ。社会のルールから外れて罪を犯したり、こだわりすぎてやたらカッカ怒ったりすることもない。人と自分を比べず、いつも空を見上げる余裕を持とう。

心を癒すのに、時間がかかってもいい

心の病気になって休んでいる人の中には、自分が勉強や仕事、家事をしていないことに引け目を感じて、無理して頑張ろうとする人もいるよね。だけど、物事というのは、一度壊れたらすぐに回復できるものではないんだよ。

僕が修行でお堂入りをしたあと、元の体調へ戻すときには、お寺に伝わる昔からの言い伝えを守り、お堂入り期間の三倍の時間をかけて、少しずつ身体を元の状態へ戻していったんだ。

お堂入りしている間は、九日間、眠らず、横にならず、食事も水も一切摂らないから、修行明けの体内は、普段と違う状態になっている。修行が終わったからといって、「よし、これで心置きなく水が飲めるぞ」

とガブガブ飲んでしまったら、ギューッと縮こまっている腸が、大量に入ってきた水によって裂けてしまうんだ。だから、一七日間かけて、少しずつ、時間をかけて身体を元に戻していく。そうすれば、後遺症も出ずに、いつもどおり元気にやっていけると言われているんだ。

心の病気も同じじゃないかな。前向きな気持ちを持ってやっていくのは大事だけど、無理をして頑張ることはないと思うよ。まずは自分の身の回りでできることをやって、支えてくれる人たちに対して感謝の気持ちを忘れずにいればいいんじゃないかな。

どんなことでも、三倍の時間をかければ回復するんだから、「このまま治らなかったらどうしよう……」と不安になる必要もないし、途中で諦める必要もないよ。

悩んだって仕方ない 生きていくしかないんだから

✣自分の実力をわきまえて、自然の流れにまかせていけば、あれこれ悩まずに済むんだよ。だから、努力してどうにかなることと、ならないことを見極めるのが大切だよ。努力してどうにかできることがわかったら、自分にできる範囲で一歩ずつやっていけばいいんだ。

孤独を感じたら、自然の中に身を置いてみよう

孤独を感じている人や、寂しさを感じている人は、自然の中へ出かけていってみるといいよ。人間はもともと自然の一部だから、緑の多いところや、海や川に出かけてみれば、大きな自然に抱かれて、ホッとできるんじゃないかな。

僕が山中を礼拝しながら歩いたときは、自然が一緒になって歩いてくれたんだ。やぶの中を歩いていたときは、イノシシやシカ、ウサギなんかが少し離れたところからこちらを警戒しつつも一緒に歩いてくれたし、美しい緑や花々が僕を迎えてくれた。

さまざまな生命が暮らす自然の中を歩き、いろいろな命のつながり合いを目の当たりにすると、「人間も自然の一部なんだから、ひとり

で生きている人間なんて誰もいないな。この自然と同じで、みんな、いろんな命に支えられて、助けられて生きているんだな」と思えるんだ。自然は、自分がひとりじゃないことを教えてくれるよ。

自然はいろんなことを教えてくれている

❖昔の人は、自然から学んだ知恵をたくさん持っていたから、天候から苗作りや田植え、代《しろ》かきなどの時期を判断していたんだよ。いまでも嵐山の人は、もみじの季節が終わると桜の手入れをしているよね。みんなも自然と仲よくなって、いろんなことを学ぶといいよ。

大切な人やペットを亡くしたときにできること

人は誰しも、自分が生きている間に、家族や友人を亡くすということを経験するし、そのときに悲しいと思うのは当たり前だと思うよ。

お葬式は、ご先祖様を敬う気持ちを表すためにするもの。形式や値段は関係なしに、送る側の人たちが故人を偲《しの》んで温かく見送れるものなら、どんなものでもいいんじゃないかな。大事なのは、心の在り方だからね。ご先祖様を敬うという点では、法事もそうだけど、形式ばかりで、心のないただの儀式にしたらダメだよ。

大切な人が亡くなった悲しみを、自分なりに受け止めて、前を向いて歩いていくには、それなりの時間がかかるものだよね。だけど、長いこと悲しみ続けていたり、ふさぎ込んでいたりしたら、故人は心配で、成仏できないんじゃないかと思うよ。

もちろん、故人を思い出して敬う気持ちは大切だと思うよ。ただ、思い出すたびに悲しんでいたら本末転倒だから、故人の分まで精一杯生きることや、故人が果たせなかった夢を引き継ぐことを、誓ったらどうかな。そうしたら、故人も安心して天国へ行けるだろうし、「いつも見守っていてね。行き詰まったときは、天国から力を貸してね」と頼んでおけば、困ったときに手を貸してくれるかもしれないよ。

ペットが死んでしまったときも、人と同様に、回向《えこう》してあげるといいと思うよ。これまで一緒に過ごした時間を思い出して、「癒してくれてありがとう」と感謝の気持ちを伝え、心からの供養をすれば、ペットもきっと喜んでくれるんじゃないかな。

安心立命《あんしんりつめい》

❖仏教で信仰によって天命を悟り不動の境地を得、生死や利害などを超越すること。僕の体験からすると、仏様やご先祖様、ペットの霊はいつでも自分の心の中にいると思う。あなたが明るく生きていくことが、亡くなった人やペットの供養にもなるんだよ。

悟りとは「自分を知ること」だよ

悟りって、普通の人の手には届かないことだと思われがちだけど、じつはそうでもないんだよ。悟ることは、自分を知るということだからね。つねに変化し続ける自分を知る作業は、一筋縄ではいかないかもしれないけど、それだけの価値はあると思うよ。自分をよく知っていれば、危ないことには手を出さなくて済むし、最終的には自分の歩んでいく道が見つかって、その道を切り拓いていけるからね。

ありのままの自分を見つめ、認めるということは、心の安定につながると思うよ。たとえば、「自分はなんでも完璧にこなせる」と思っていると、何かの拍子に一度失敗しただけで心が折れてしまうかもしれない。だけど、「できなくて当たり前」と思っていれば、失敗にもめげず地道にやっていけるし、心に余裕が生まれて、ぼちぼちいきましょうと思える。自分を知ることで、生きるのがラクになると思うよ。

無《む》二《に》無《む》三《さん》

❖仏になる道はひとつで他に道はないこと。ただひとつであって他に類がない。自分の道が見つからなくても、一心不乱に行動を起こしていけば、きっと何かが見つかるはずだよ。自分の道を決めたら、わき目も振らず、本線から外れないように進んでいきたいね。

著者紹介

酒井雄哉（さかい・ゆうさい）

1926年、大阪府生まれ。太平洋戦争時、予科練へ志願し、特攻隊基地・鹿屋にて終戦。戦後、職を転々とするがうまくいかず、比叡山へ上がり、40歳で得度。約7年かけて4万キロを歩く荒行「千日回峯行」を80年、87年に2度満行。その後も国内外各地へ巡礼を行なった。98年より比叡山飯室谷不動堂長寿院住職。2013年9月23日逝去。

主な著書に、『ムダなことなどひとつもない』『今できることをやればいい』『がんばらなくていいんだよ』（以上、PHP研究所）、『一日一生』『続・一日一生』（以上、朝日新書）などがある。

福猫のんちゅけ（ふくねこ・のんちゅけ）

バンザイのんちゅけ家族団の長男。やんちゃだけど、弱い者いじめは一切しない正義の味方の7歳。お母さんはカアママ、お父さんはギャン。子供たちへの知育活動を通して、全国の可愛いお友達のところへ笑顔を届ける使命を受け、活動中。

この作品は、2013年5月にPHP研究所より刊行された。

ＰＨＰ文庫　あなたには幸せになる力がある

2016年11月15日　第1版第1刷

著　　者	酒　井　雄　哉
発 行 者	岡　　修　平
発 行 所	株式会社ＰＨＰ研究所

東京本部　〒135-8137　江東区豊洲5-6-52
文庫出版部　☎03-3520-9617（編集）
普及一部　☎03-3520-9630（販売）
京都本部　〒601-8411　京都市南区西九条北ノ内町11

PHP INTERFACE　http://www.php.co.jp/

組　　版	株式会社ジーラム
印刷所 製本所	共同印刷株式会社

 ISBN978-4-569-76670-6

PHP文庫好評既刊

心の休ませ方

「つらい時」をやり過ごす心理学

加藤諦三 著

人生には頑張る時と、休む時がある。生きることに疲れたら、どうすべきなのか？多くの人をホッとさせたベストセラー、待望の文庫化。

定価 本体四七六円(税別)

PHP文庫好評既刊

「なぜか人に好かれる人」の共通点

斎藤茂太　著

なぜあの人は誰からも好感をもたれるのだろうか。そんな人たちに共通する人間的な魅力や立ち居振舞い等を考察した心温まるメッセージ。